Impressum
Verlag: BABADADA GmbH, Nedderfeld 112 , 22529 Hamburg
Geschäftsführer / Verlagsleitung: Harald Hof
Druck: Books on Demand GmbH, In de Tarpen 42, 22848 Norderstedt

Imprint
Publisher: BABADADA GmbH, Nedderfeld 112 , 22529 Hamburg, Germany
Managing Director / Publishing direction: Harald Hof
Print: Books on Demand GmbH, In de Tarpen 42, 22848 Norderstedt, Germany

школа
escola

классная комната
sala de aulas

делить
dividir

186/2

доска
quadro

школьный двор
pátio da escola

учитель
professor

бумага
papel

писать
escrever

ручка
caneta

письменный стол
secretária

линейка
régua

книга
livro

ученик
aluno

ранец
mochila

пенал
estojo de lápis

карандаш
lápis

точилка
afia-lápis

ластик
borracha

альбом для рисования
bloco de desenho

рисунок

desenho

кисточка

pincel

коробка красок

caixa de tintas

ножницы

tesoura

клей

cola

тетрадь

livro de exercícios

домашняя работа

trabalhos de casa

цифра

número

прибавлять

somar

вычитать

subtrair

умножать

multiplicar

считать

calcular

буква

letra

алфавит

alfabeto

слово

palavra

текст

texto

читать

ler

мел

giz

урок

hora

классный журнал

registo de presenças

экзамен

exame

диплом

certificado

школьная форма

uniforme escolar

образование

educação

энциклопедия

enciclopédia

университет

universidade

микроскоп

microscópio

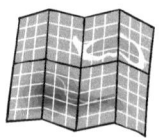

карта

mapa

корзина для бумаг

cesto de lixo

путешествие
viagem

гостиница
hotel
Grand
турбаза
hostel
ROOMS
CHANGE
пункт обмена валюты
casa de câmbio
чемодан
mala
автомобиль
carro

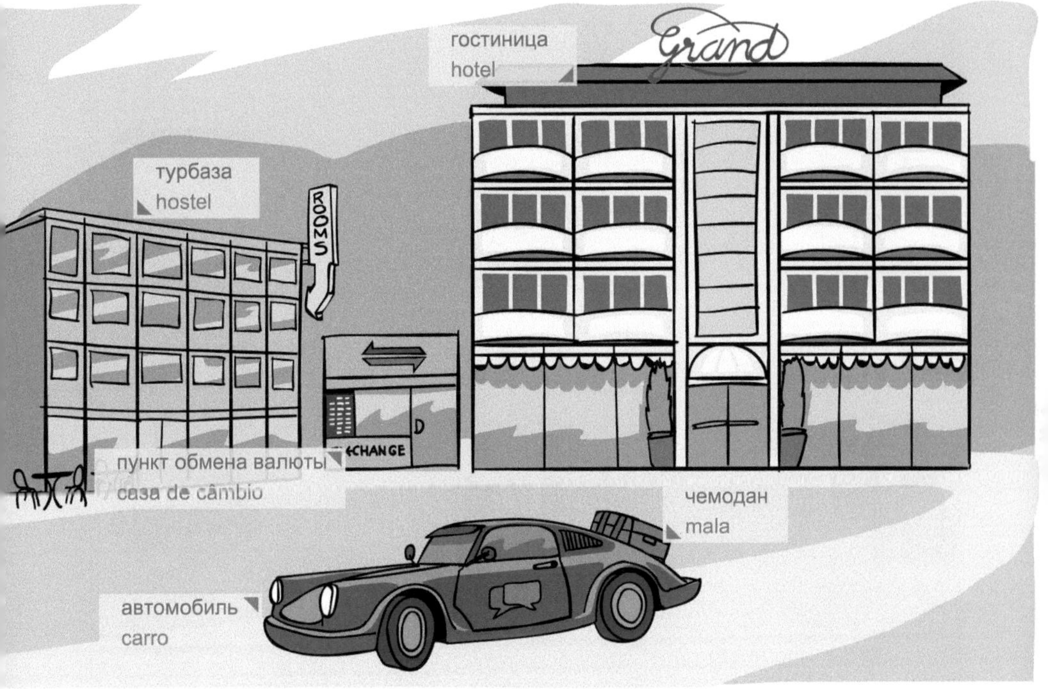

язык
idioma

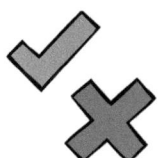

да / нет
sim / não

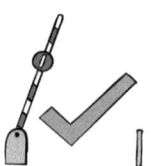

хорошо
ok / certo / correto

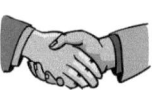

Привет
olá

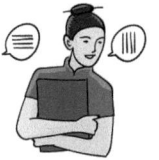

переводчик
intérprete

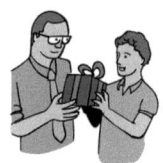

Спасибо
obrigado

Сколько стоит…?

quanto é que custa… ?

Я не понимаю

não entendo

проблема

problema

Добрый вечер!

boa noite!

Доброе утро!

Bom dia!

Доброй ночи!

Boa noite!

До свидания

adeus

направление

direção

багаж

bagagem

сумка

saco

рюкзак

mochila

гость

convidado

комната

quarto

спальный мешок

saco-cama

палатка

tenda

туристическая информация
informação turística

пляж
praia

кредитная карточка
cartão de crédito

завтрак
pequeno-almoço

обед
almoço

ужин
jantar

билет
bilhete

лифт
elevador

почтовая марка
selo postal

граница
fronteira

таможня
alfândega

посольство
embaixada

виза
visto

паспорт
passaporte

транспорт

transporte

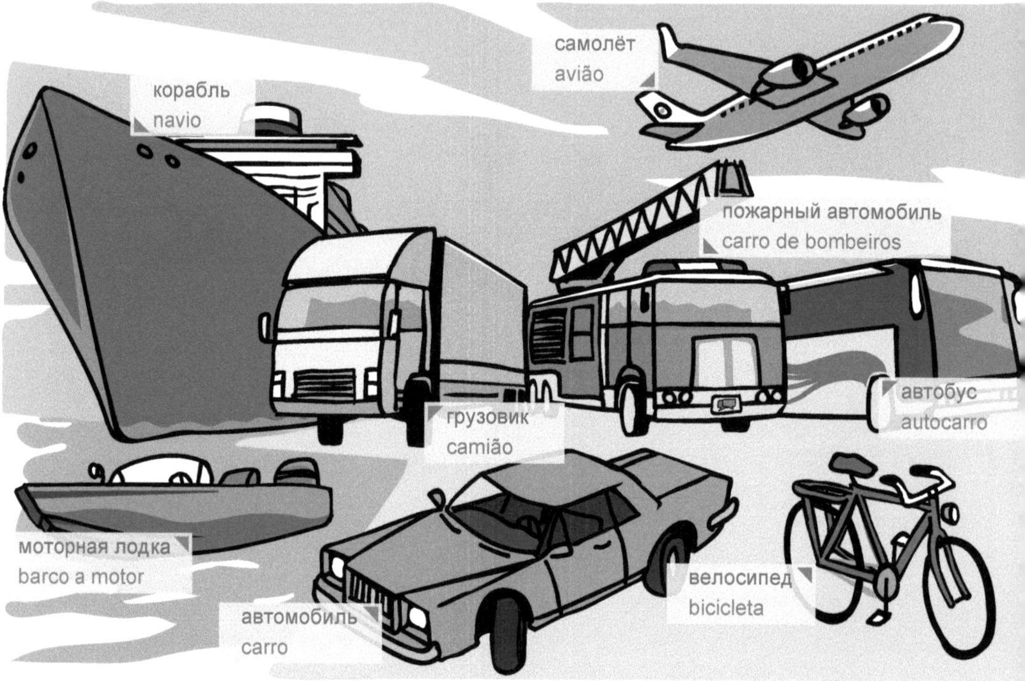
самолёт
avião
корабль
navio
пожарный автомобиль
carro de bombeiros
грузовик
camião
автобус
autocarro
моторная лодка
barco a motor
велосипед
bicicleta
автомобиль
carro

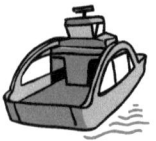

паром

cacilheiro

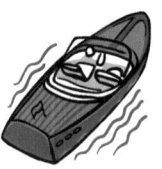

лодка

barco

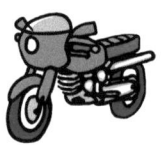

мотоцикл

mota

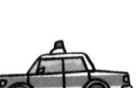

полицейский автомобиль

carro de polícia

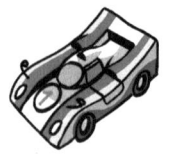

гоночный автомобиль

carro de corrida

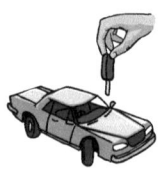

арендованный автомобиль

carro alugado

совместное пользование
автомобилями

carsharing

буксировочный
автомобиль

camião de reboque

мусоровоз

camião do lixo

двигатель

motor

топливо

combustível

заправка

estação de serviço

дорожный знак

sinal de trânsito

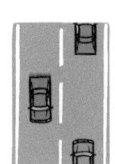

движение

trânsito

пробка

congestionamento de
trânsito

автостоянка

parque de estacionamento

вокзал

estação ferroviária

рельсы

carris

поезд

comboio

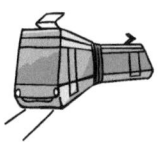

трамвай

elétrico

вагон

carruagem

вертолёт

helicóptero

аэропорт

aeroporto

вышка

torre

пассажир

passageiro

контейнер

contentor

коробка

caixa de papelão

тележка

carrinho

корзина

cesto

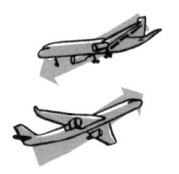

взлетать / приземляться

levantar voo / aterrar

город

cidade

деревня

aldeia

центр города

centro da cidade

дом

casa

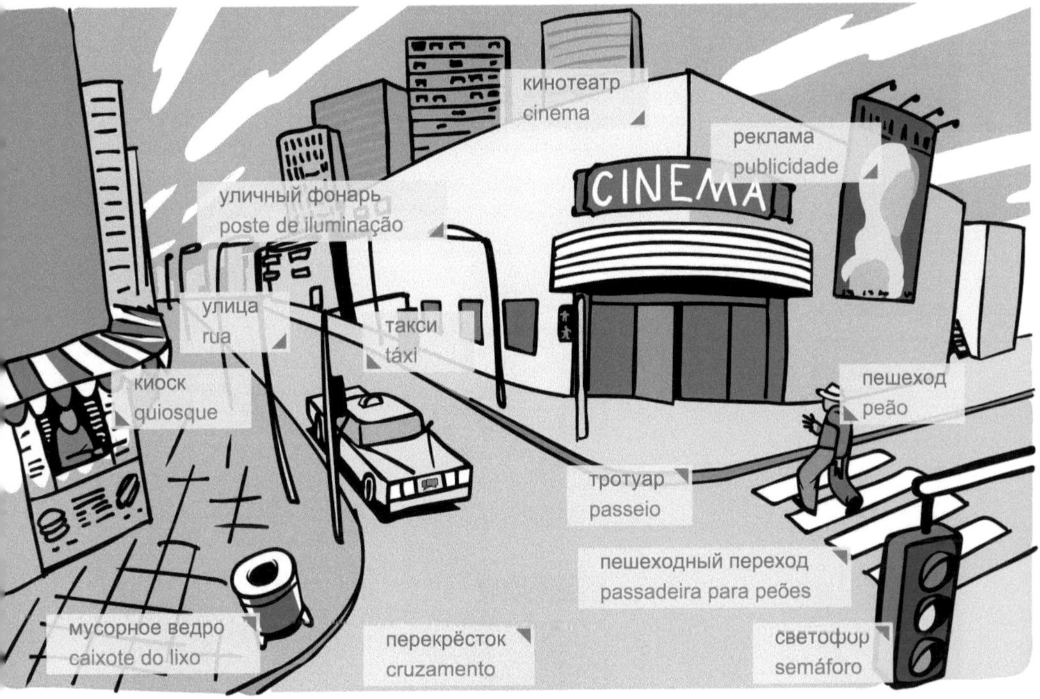
кинотеатр
cinema
реклама
publicidade
CINEMA
уличный фонарь
poste de iluminação
улица
rua
такси
táxi
киоск
quiosque
пешеход
peão
тротуар
passeio
пешеходный переход
passadeira para peões
мусорное ведро
caixote do lixo
перекрёсток
cruzamento
светофор
semáforo

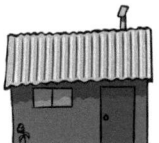

хижина

cabana

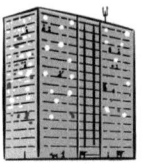

квартира

apartamento

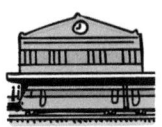

вокзал

estação ferroviária

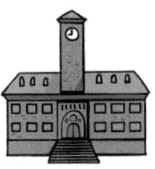

ратуша

câmara municipal

MUSEUM

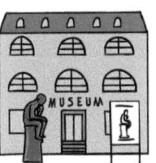

музей

museu

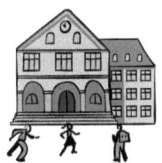

школа

escola

университет

universidade

банк

banco

больница

hospital

гостиница

hotel

аптека

farmácia

офис

escritório

книжный магазин

livraria

магазин

loja

цветочный магазин

florista

супермаркет

supermercado

рынок

mercado

универмаг

loja de departamentos

торговец рыбой

peixaria

торговый центр

centro comercial

порт

porto

парк

parque

скамейка

banco

мост

ponte

лестница

escadas

метро

metro

тоннель

túnel

автобусная остановка

paragem de autocarro

бар

bar

ресторан

restaurante

почтовый ящик

caixa de correio

табличка с названием улицы

sinal de trânsito

паркометр

parquímetro

зоопарк

jardim zoológico

бассейн

piscina

мечеть

mesquita

ферма

quinta

загрязнение окружающей среды

poluição

кладбище

cemitério

церковь

igreja

детская площадка

parque infantil

храм

templo

ландшафт

paisagem

лист
folha

дорожный указатель
placa de sinalização

дорога
caminho

луг
prado

камень
pedra

дерево
árvore

путешественник
caminhantes

река
rio

трава
relva

цветок
flor

долина
vale

гора
montanha

озеро
lago

лес
floresta

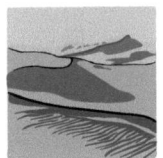

пустыня
deserto

вулкан
vulcão

замок
castelo

радуга
arco-íris

гриб
cogumelo

пальма
palma

комар
mosquito

муха
mosca

муравей
formiga

пчела
abelha

паук
aranha

жук

besouro

лягушка

sapo

белка

esquilo

еж

ouriço

заяц

lebre

сова

coruja

птица

pássaro

лебедь

cisne

кабан

javali

олень

veado

лось

alce

плотина

barragem

ветряной генератор

turbina eólica

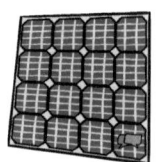

солнечная батарея

painel solar

климат

clima

ресторан
restaurante

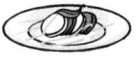

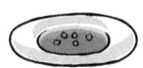

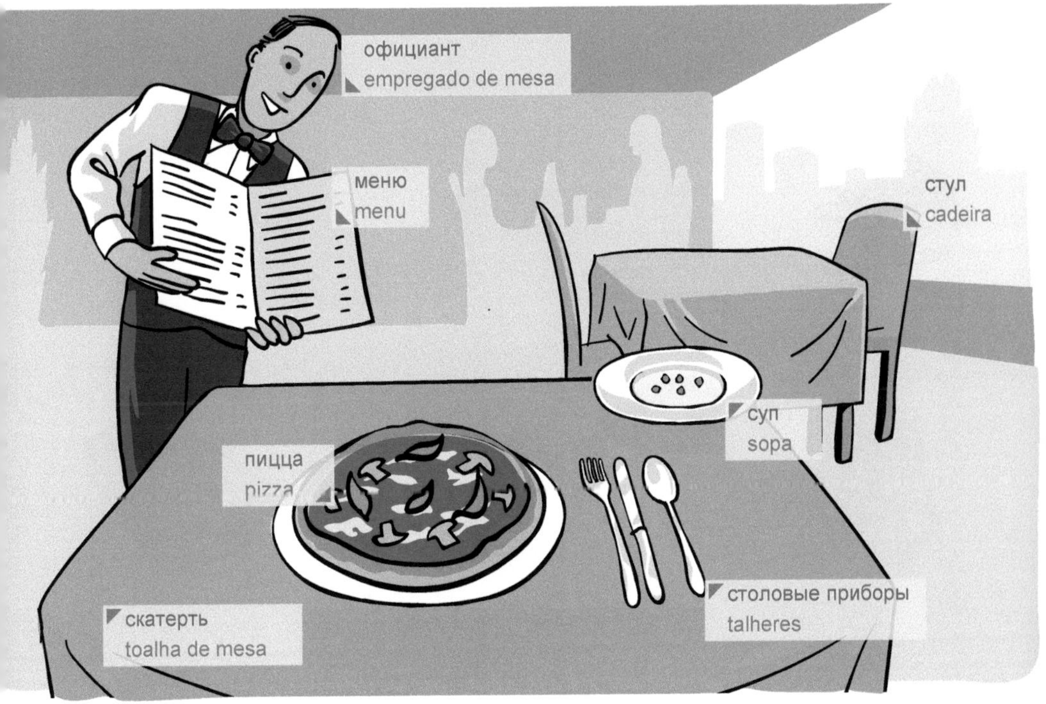
официант
empregado de mesa
меню
menu
стул
cadeira
суп
sopa
пицца
pizza
столовые приборы
talheres
скатерть
toalha de mesa

закуска

entrada

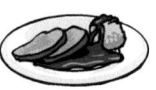

главное блюдо

prato principal

десерт

sobremesa

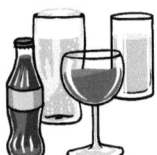

напитки

bebidas

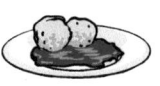

еда

comida

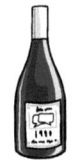

бутылка

garrafa

фастфуд

fast food

уличная еда

comida de rua

чайник

bule de chá

сахарница

açucareiro

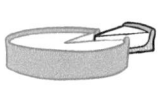

порция

porção

кофеварка

máquina de café expresso

детский стульчик

cadeira alta

счет

conta

поднос

bandeja

нож

faca

вилка

garfo

ложка

colher

чайная ложка

colher de chá

салфетка

guardanapo

стакан

copo

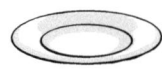

тарелка

prato

суповая тарелка

prato de sopa

блюдце

pires

соус

molho

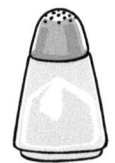

солонка

saleiro

мельница для перца

moinho de pimenta

уксус

vinagre

масло

óleo

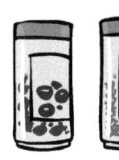

специи

especiarias

кетчуп

ketchup

горчица

mostarda

майонез

maionese

супермаркет
supermercado

специальное предложение
oferta especial
FOR
покупатель
cliente
молочные продукты
laticínios
фрукты
fruta
тележка для покупок
carrinho de compras

BUTCHERS

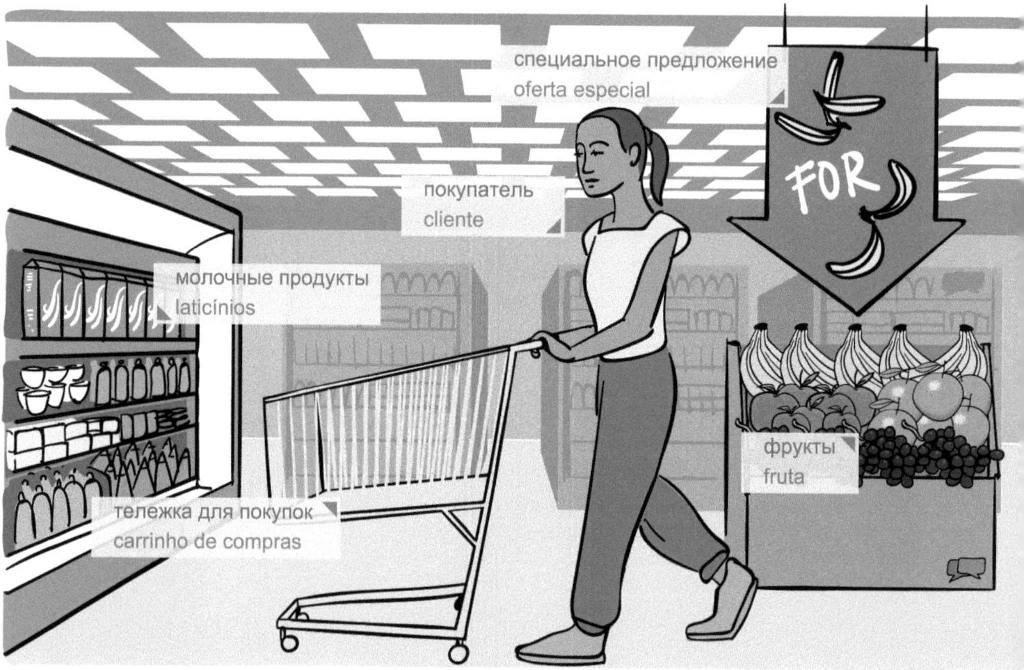

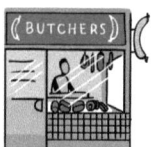

мясной магазин

talho

BAKERY

пекарня

padaria

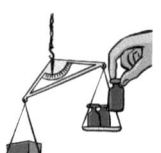

взвешивать

pesar

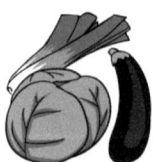

овощи

vegetais

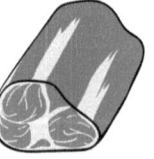

мясо

carne

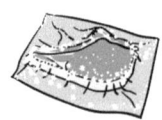

быстрозамороженные продукты

alimentos congelados

нарезка

charcutaria

консервы

comida enlatada

стиральный порошок

detergente em pó

сладости

doces

предмет домашнего обихода

artigos domésticos

моющее средство

produtos de limpeza

продавщица

vendedora

касса

caixa

кассир

caixa

список покупок

lista de compras

время работы

horário de funcionamento

бумажник

carteira

кредитная карточка

cartão de crédito

сумка

saco

полиэтиленовый пакет

saco de plástico

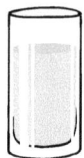

вода

água

сок

sumo

молоко

leite

кока-кола

coca-cola

вино

vinho

пиво

cerveja

алкоголь

álcool

какао

cacau

чай

chá

кофе

café

эспрессо

café expresso

капучино

capuccino

банан

banana

яблоко

maçã

апельсин

laranja

арбуз

melão

лимон

limão

морковь

cenoura

чеснок

alho

бамбук

bambu

лук

cebola

гриб

cogumelo

орехи

nozes

лапша

talharim

спагетти

esparguete

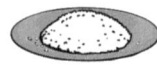

рис

arroz

салат

salada

картофель фри

batatas fritas

жареный картофель

batatas fritas

пицца

pizza

гамбургер

hambúrguer

сэндвич

sanduíche

шницель

bife panado

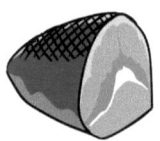

ветчина

fiambre

салями

salame

колбаса

salsicha

курица

galinha

жаркое

assado

рыба

peixe

овсяные хлопья

flocos de aveia

мюсли

muesli

кукурузные хлопья

flocos de milho

мука

farinha

круассан

croissant

булочка

carcaça (pãozinho)

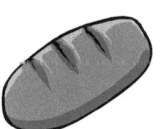

хлеб

pão

тост

torrada

печенье

biscoitos

масло

manteiga

творог

requeijão

пирог

bolo

яйцо

ovo

яичница

ovo estrelado

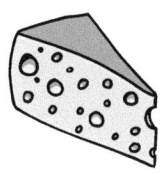

сыр

queijo

мороженое

gelado

сахар

açúcar

мёд

mel

мармелад

compota

крем с нугой

creme de nougat

карри

caril

ферма
quinta

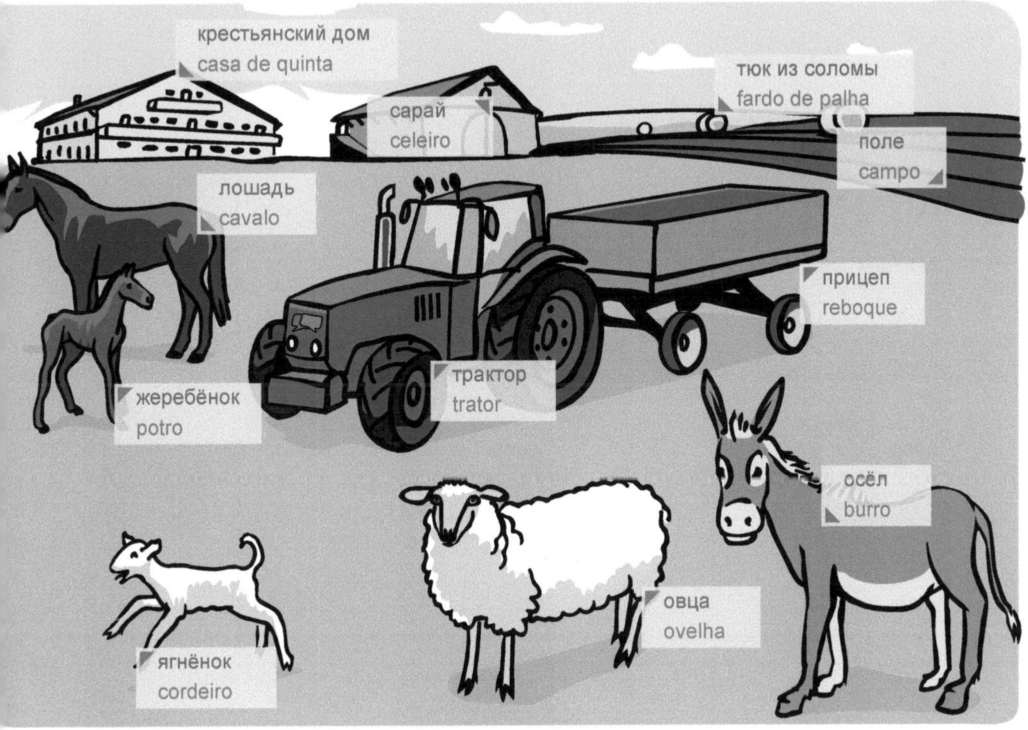
крестьянский дом
casa de quinta
тюк из соломы
fardo de palha
сарай
celeiro
поле
campo
лошадь
cavalo
прицеп
reboque
трактор
trator
жеребёнок
potro
осёл
burro
овца
ovelha
ягнёнок
cordeiro

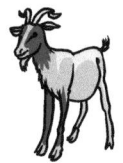

коза

cabra

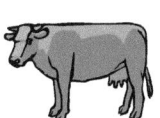

корова

vaca

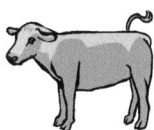

телёнок

bezerro

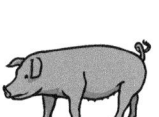

свинья

porco

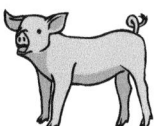

поросёнок

leitão

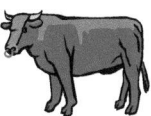

бык

touro

гусь

ganso

утка

pato

цыплёнок

pintaínho

курица

galinha

петух

galo

крыса

ratazana

кошка

gato

мышь

rato

вол

boi

собака

cão

конура

casota

садовый шланг

mangueira de jardim

лейка

regador

коса

foice

плуг

arado

серп

foice

мотыга

enxada

навозные вилы

forquilha

топор

machado

тачка

carrinho de mão

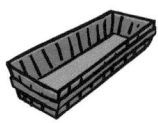

корыто

manjedoura

бидон для молока

jarro de leite

мешок

saco

забор

cerca

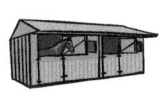

хлев

estábulo

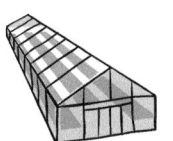

теплица

estufa

почва

solo

посев

semente

удобрение

fertilizante

комбайн

ceifeira-debulhadora

собирать урожай

colher

урожай

colheita

ямс

inhame

пшеница

trigo

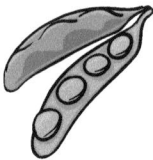

соя

soja

картофель

batata

кукуруза

milho

рапс

colza

фруктовое дерево

árvore de fruto

маниок

mandioca

злаки

cereais

дымоход
chaminé

крыша
telhado

водосточный желоб
caleira

окно
janela

гараж
garagem

звонок
campainha da porta

дверь
porta

мусорное ведро
balde do lixo

почтовый ящик
caixa de correio

сад
jardim

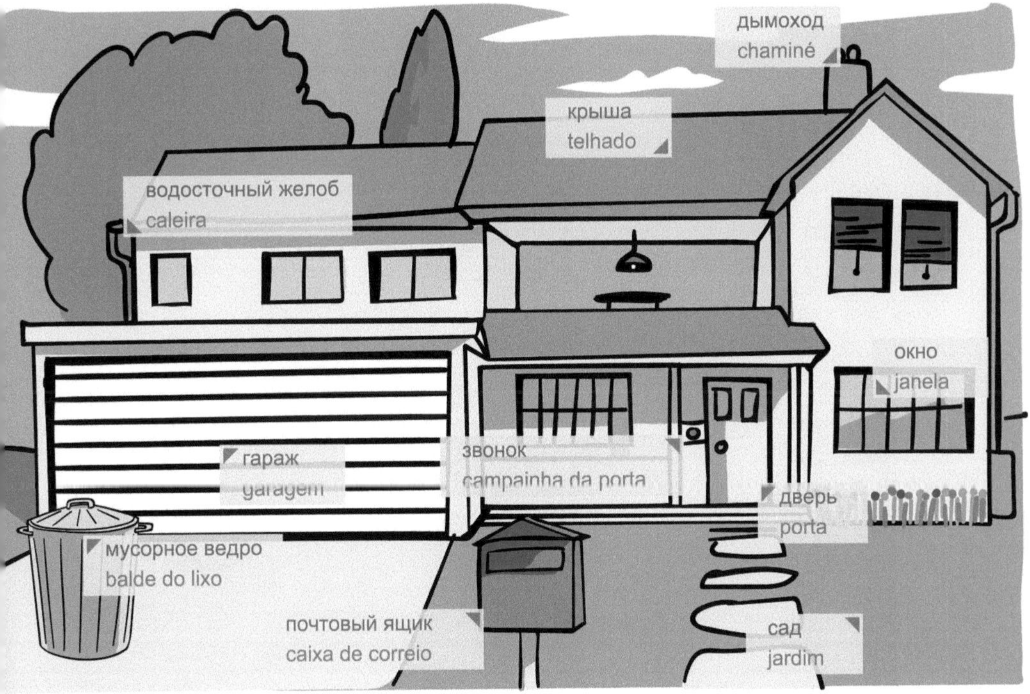

гостиная
sala de estar

ванная комната
casa de banho

кухня
cozinha

спальня
quarto de dormir

детская комната
quarto de criança

столовая
sala de jantar

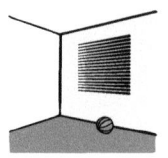

пол

chão

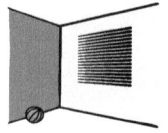

стена

parede

потолок

teto

подвал

cave

сауна

sauna

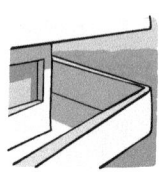

балкон

varanda

терраса

terraço

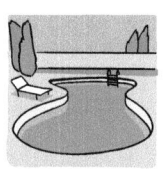

бассейн

piscina

газонокосилка

máquina de cortar relvado

пододеяльник

lençol

покрывало

cobertor

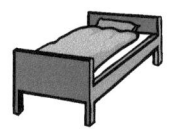

кровать

cama

метла

vassoura

ведро

balde

выключатель

interruptor

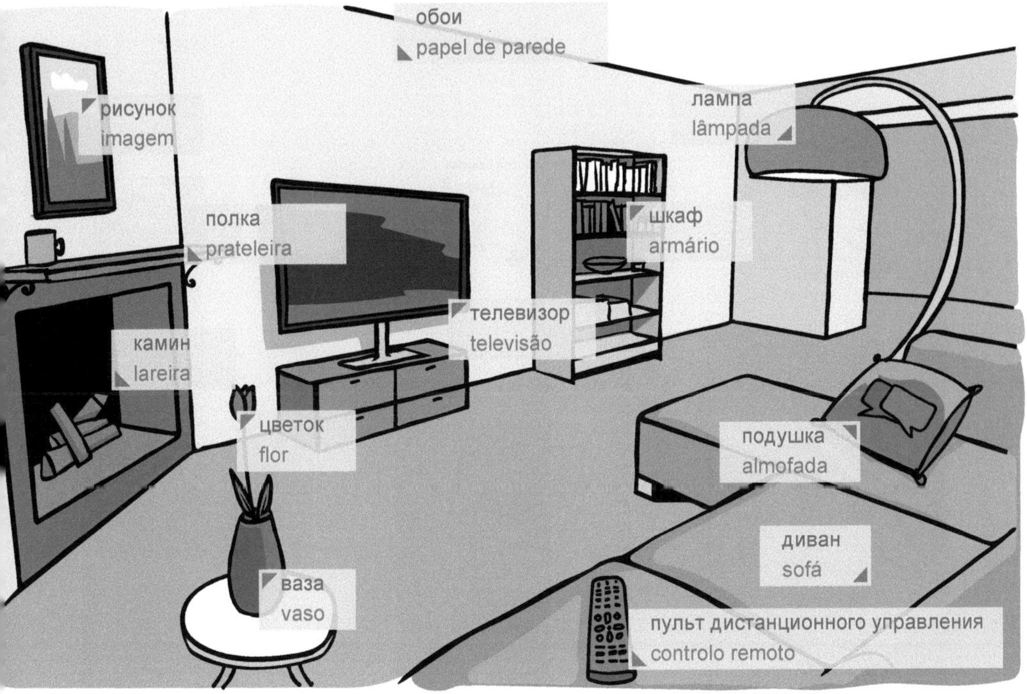

обои
papel de parede

рисунок
imagem

лампа
lâmpada

полка
prateleira

шкаф
armário

камин
lareira

телевизор
televisão

цветок
flor

подушка
almofada

диван
sofá

ваза
vaso

пульт дистанционного управления
controlo remoto

ковёр
tapete

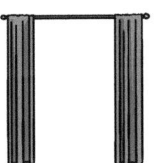

штора
cortina

стол
mesa

стул
cadeira

кресло-качалка
cadeira de baloiço

кресло
poltrona

книга
livro

покрывало
cobertor

украшение
decoração

дрова
lenha

фильм
filme

стереосистема
sistema estéreo

ключ
chave

газета
jornal

картина
pintura

плакат
póster

радио
rádio

блокнот
bloco de notas

пылесос
aspirador

кактус
cato

свеча
vela

кухня
cozinha

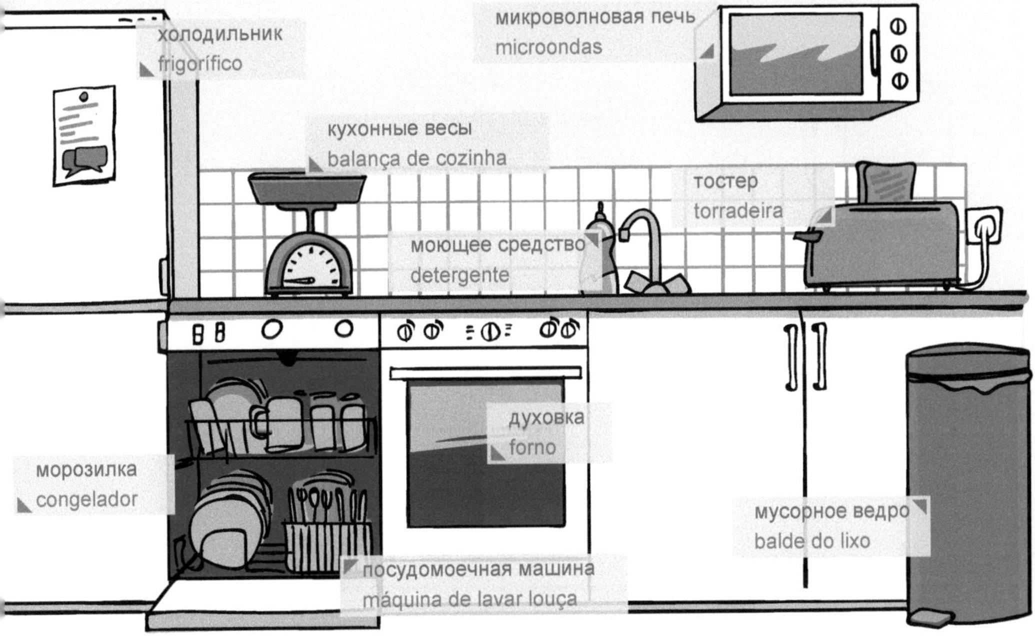
холодильник
frigorífico
микроволновая печь
microondas
кухонные весы
balança de cozinha
тостер
torradeira
моющее средство
detergente
духовка
forno
морозилка
congelador
мусорное ведро
balde do lixo
посудомоечная машина
máquina de lavar louça

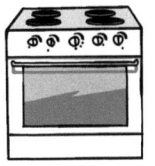

плита
fogão

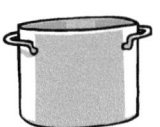

кастрюля
panela

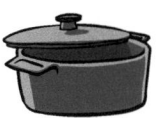

чугунный котелок
panela de ferro

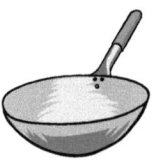

вок / кадай
wok / kadai

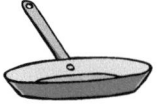

сковорода
frigideira

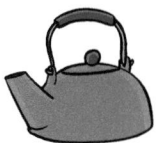

чайник
chaleira

пароварка

panela a vapor

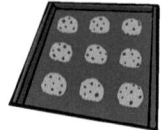

противень

tabuleiro de forno

посуда

louça

кружка

caneca

миска

tigela

палочки для еды

pauzinhos

половник

concha de sopa

лопатка

espátula

сбивалка

batedor de claras

сито

escorredor

сито

peneira

тёрка

ralador

ступка

almofariz

гриль

churrasqueira

костёр

lareira

доска

tábua de cortar

скалка

rolo da massa

штопор

saca-rolhas

жестяная банка

lata

консервный нож

abridor de latas

прихватка

luvas de forno

раковина

lava-loiça

щетка

escova

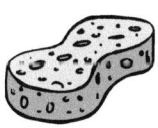

губка

esponja

миксер

liquidificador

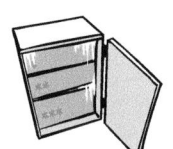

морозильная камера

arca frigorífica

бутылочка для кормления

biberão

кран

torneira

ванная комната
casa de banho

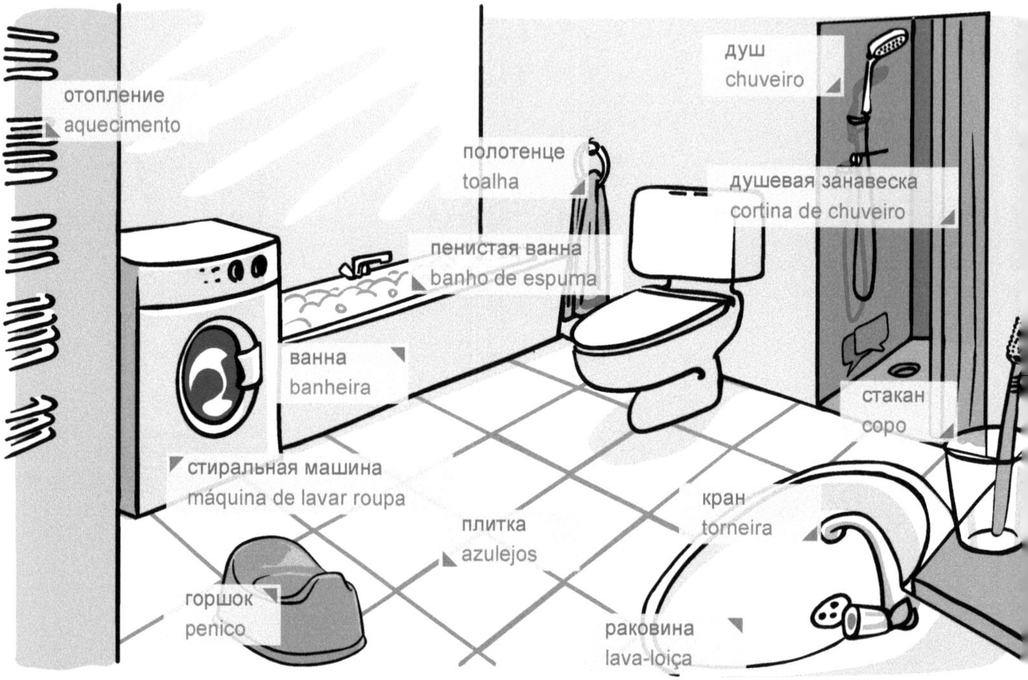

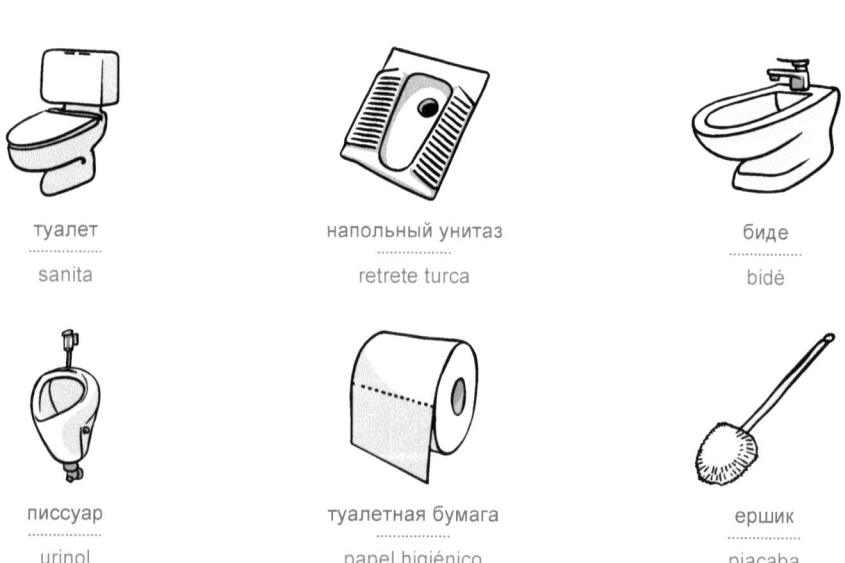

отопление
aquecimento
полотенце
toalha
душ
chuveiro
душевая занавеска
cortina de chuveiro
пенистая ванна
banho de espuma
ванна
banheira
стакан
copo
стиральная машина
máquina de lavar roupa
кран
torneira
плитка
azulejos
горшок
penico
раковина
lava-loiça

туалет

sanita

напольный унитаз

retrete turca

биде

bidé

писсуар

urinol

туалетная бумага

papel higiénico

ершик

piaçaba

зубная щетка

escova de dentes

зубная паста

pasta de dentes

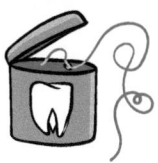

зубная нить

fio dentário

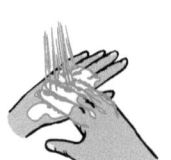

мыть

lavar

ручной душ

chuveiro de mão

интимный душ

duche íntimo

таз

bacia

щетка для спины

escova para as costas

мыло

sabonete

гель для душа

gel de banho

шампунь

champô

мочалка

toalha de rosto

сток

escoamento

крем

creme

дезодорант

desodorizante

зеркало

espelho

ручное зеркало

espelho de mão

бритва

máquina de barbear

пена для бритья

creme de barbear

лосьон после бритья

loção pós-barba

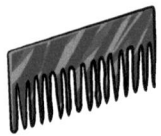

расческа

pente

щетка

escova

фен

secador de cabelo

лак для волос

spray de cabelo

косметика

maquilhagem

губная помада

batom

лак для ногтей

verniz de unhas

вата

algodão

маникюрные ножницы

tesoura para unhas

духи

perfume

косметичка
....
nécessaire

табуретка
....
tamborete

весы
....
balança

халат
....
roupão de banho

резиновые перчатки
....
luvas de borracha

тампон
....
tampão

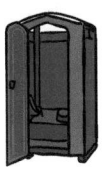

гигиеническая прокладка
....
penso higiénico

биотуалет
....
WC químico

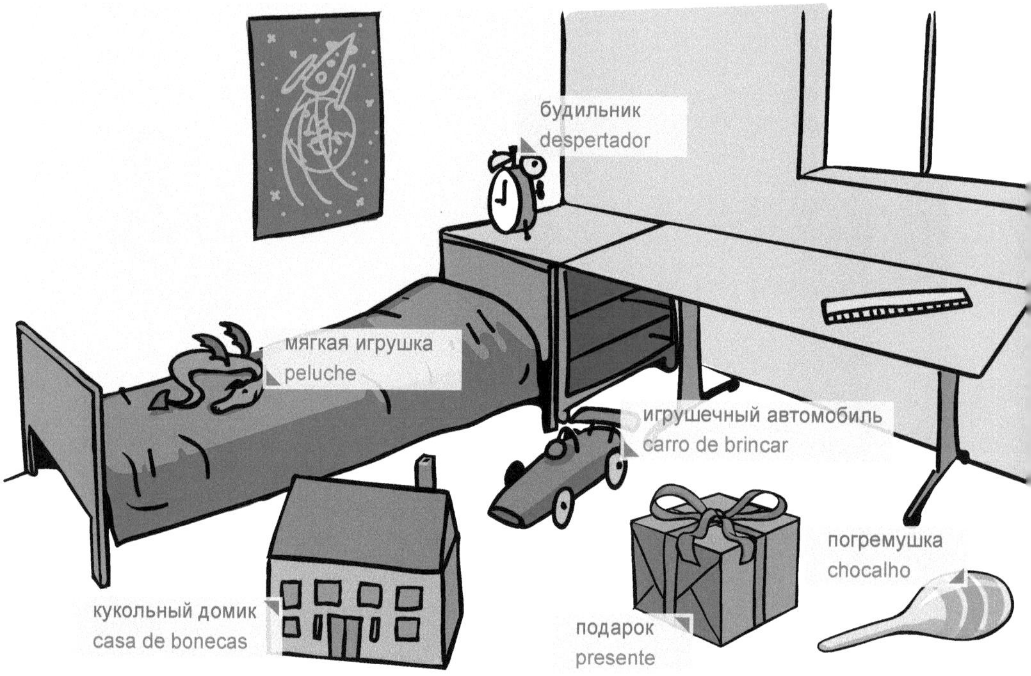

будильник
despertador
мягкая игрушка
peluche
игрушечный автомобиль
carro de brincar
погремушка
chocalho
кукольный домик
casa de bonecas
подарок
presente

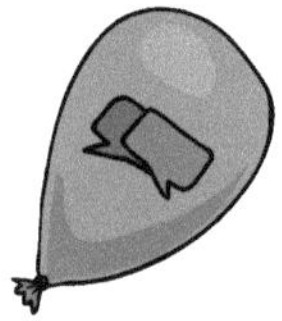

воздушный шар
....
balão

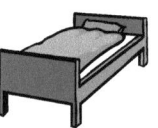

кровать
....
cama

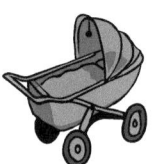

детская коляска
....
carrinho de bebé

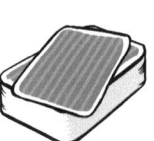

карточная игра
....
jogo de cartas

пазл
....
quebra-cabeças

SUPER
MEGA

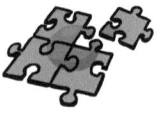

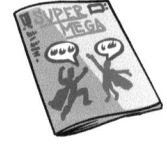

комикс
....
banda desenhada

кирпичики Лего

peças de Lego

кубики

blocos de construção

игрушечная фигурка

figura de ação

ползунки

fato de bebé

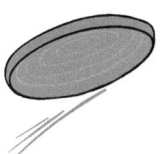

фрисби

Frisbee

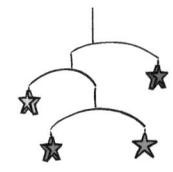

мобиле

móbile para bebé

настольная игра

jogo de tabuleiro

кубик

dados

модель железной дороги

pista de comboio elétrico

соска

chupeta

вечеринка

festa

книга с картинками

livro ilustrado

мяч

bola

кукла

boneca

играть

jogar

песочница

caixa de areia

качели

baloiço

игрушка

brinquedos

игровая приставка

consola de jogos

трёхколесный велосипед

triciclo

плюшевый медвежонок

ursinho de peluche

шкаф для одежды

guarda-roupa

одежда

vestuário

носки

meias

чулки

meias pelo joelho

колготки

meias-calças

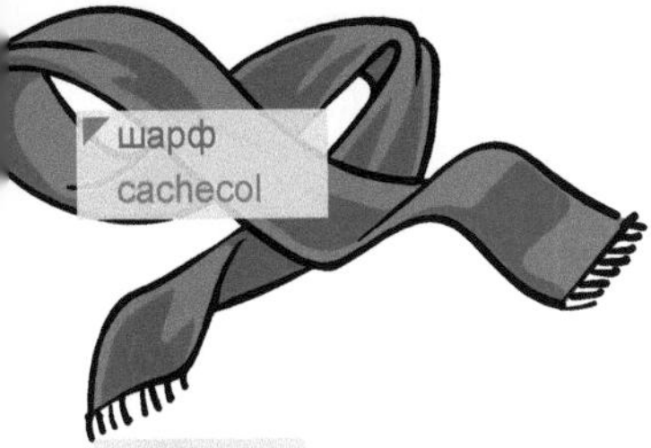

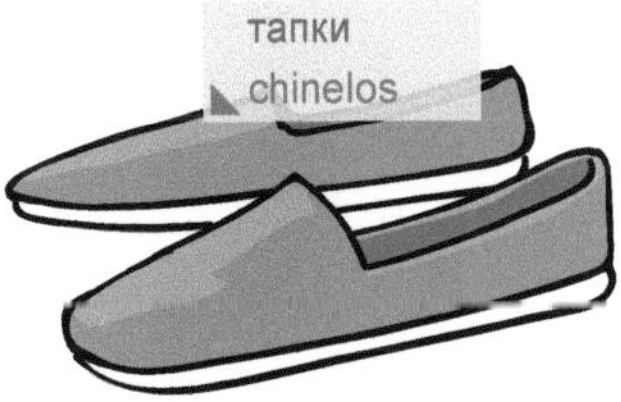

шарф
cachecol

зонтик
guarda-chuva

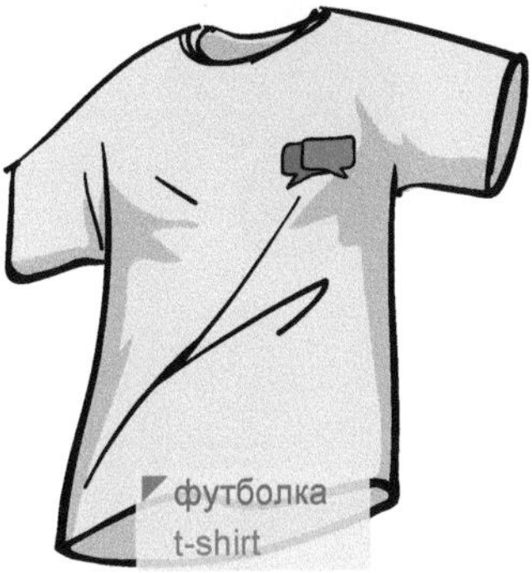

футболка
t-shirt

ремень
cinto

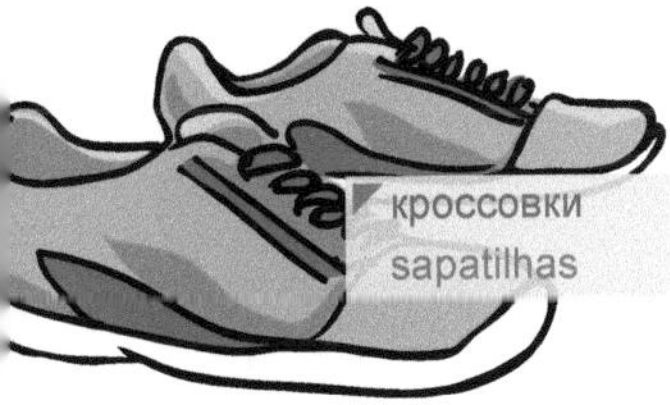

сапоги
botas

тапки
chinelos

кроссовки
sapatilhas

сандалии
....
sandálias

ботинки
....
sapatos

резиновые сапоги
....
botas de borracha

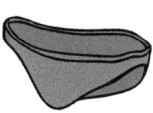

трусы
....
cuecas

бюстгальтер
....
sutiã

майка
....
camisola interior

боди
body

брюки
calças

джинсы
calças de ganga

юбка
saia

блузка
blusa

рубашка
camisa

свитер
pulôver

свитер
camisola com capuz

спортивная куртка
blazer

жакет
casaco

пальто
manto

плащ
gabardina

костюм
traje

платье
vestido

свадебное платье
vestido de casamento

мужской костюм

fato

ночная сорочка

camisa de dormir

пижама

pijama

сари

sari

платок

lenço de cabeça

тюрбан

turbante

паранджа

burca

кафтан

cafetã

абайя

abaya

купальник

fato de banho

плавки

calções de banho

шорты

calções

спортивный костюм

fato de treino

фартук

avental

перчатки

luvas

пуговица

botão

очки

óculos

браслет

pulseira

цепочка

colar

кольцо

anel

серьга

brinco

шапка

boné

вешалка

cabide

шляпа

chapéu

галстук

gravata

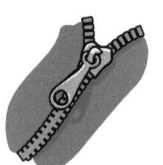

застежка молния

fecho de correr

шлем

capacete

подтяжки

suspensórios

школьная форма

uniforme escolar

форма

uniforme

детский нагрудник
babete

соска
chupeta

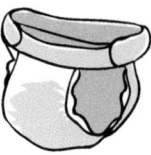

подгузник
fralda

офис
escritório

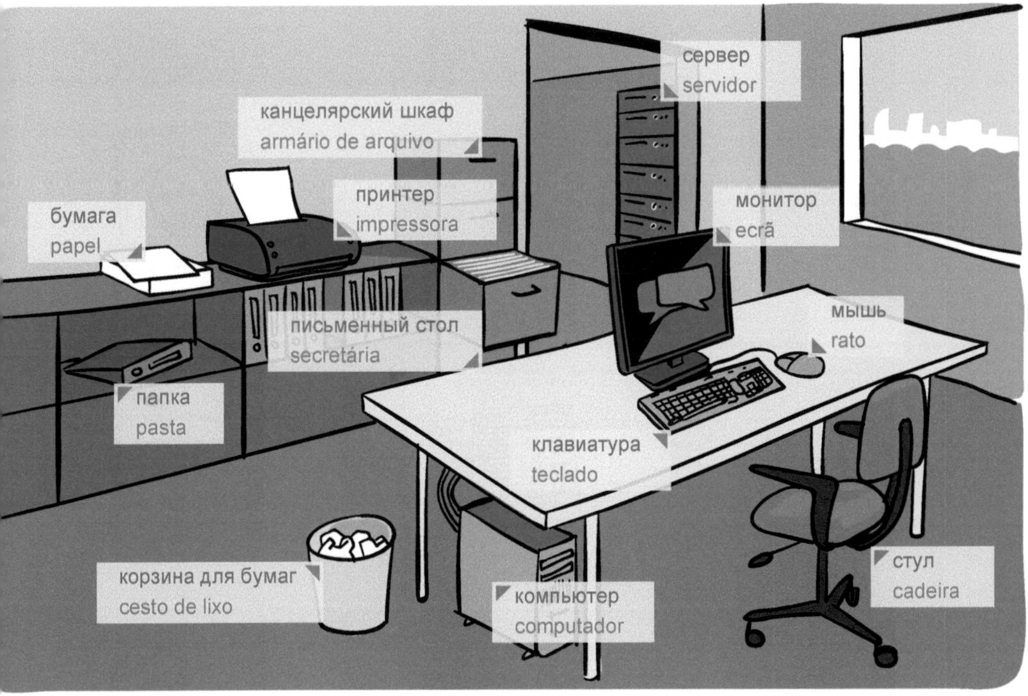

сервер
servidor

канцелярский шкаф
armário de arquivo

принтер
impressora

монитор
ecrã

бумага
papel

письменный стол
secretária

мышь
rato

папка
pasta

клавиатура
teclado

корзина для бумаг
cesto de lixo

стул
cadeira

компьютер
computador

кофейная кружка
caneca de café

калькулятор
calculadora

интернет
internet

ноутбук

computador portátil

письмо

carta

сообщение

mensagem

мобильный телефон

telemóvel

сеть

rede

ксерокс

fotocopiadora

программа

software

телефон

telefone

розетка

tomada elétrica

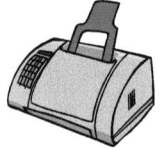

факс

fax

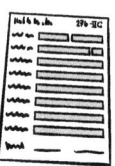

формуляр

formulário

документ

documento

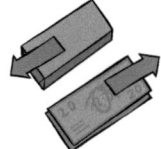

покупать

comprar

платить

pagar

торговать

negociar

деньги

dinheiro

доллар

dólar

евро

euro

иена

yen

рубль

rublo

франк

franco suíço

жэньминьби юань

renminbi yuan

рупия

rupia

банкомат

caixa de multibanco

пункт обмена валюты

casa de câmbio

золото

ouro

серебро

prata

нефть

petróleo

энергия

energia

цена

preço

договор

contrato

налог

imposto

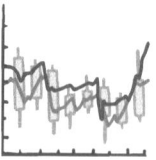

акция

ação

работать

trabalhar

служащий

empregado

работодатель

entidade patronal

фабрика

fábrica

магазин

loja

профессии
profissões

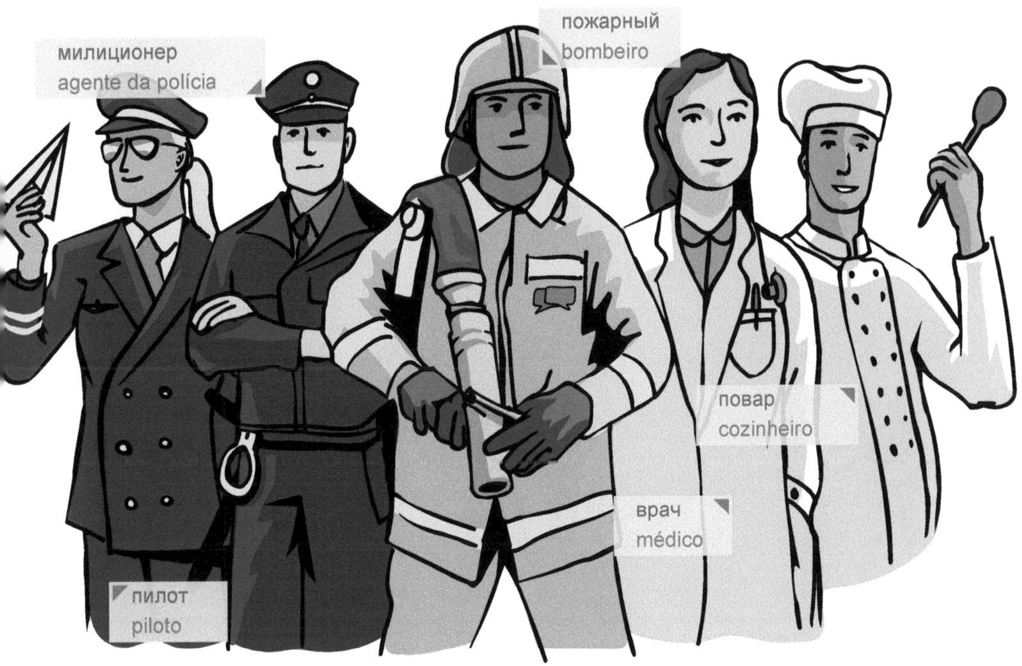
милиционер
agente da polícia
пожарный
bombeiro
повар
cozinheiro
врач
médico
пилот
piloto

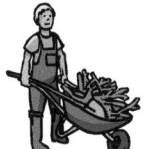

садовник

jardineiro

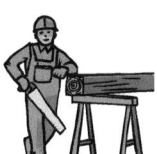

столяр

carpinteiro

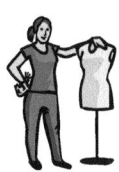

швея

costureira

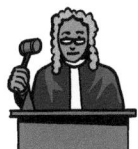

судья

juiz

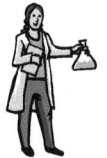

химик

químico

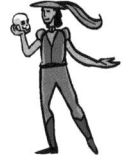

актёр

ator

водитель автобуса

motorista de autocarro

таксист

motorista de táxi

рыбак

pescador

уборщица

empregada de limpeza

кровельщик

telhador

официант

empregado de mesa

охотник

caçador

художник

pintor

пекарь

padeiro

электрик

eletricista

строитель

construtor

инженер

engenheiro

мясник

talhante

сантехник

canalizador

почтальон

carteiro

солдат

soldado

архитектор

arquiteto

кассир

caixa

флорист

florista

парикмахер

cabeleireiro

кондуктор

controlador de bilhetes

механик

mecânico

капитан

capitão

зубной врач

dentista

ученый

cientista

раввин

rabino

имам

imã

монах

monge

священник

pastor

инструменты
ferramentas

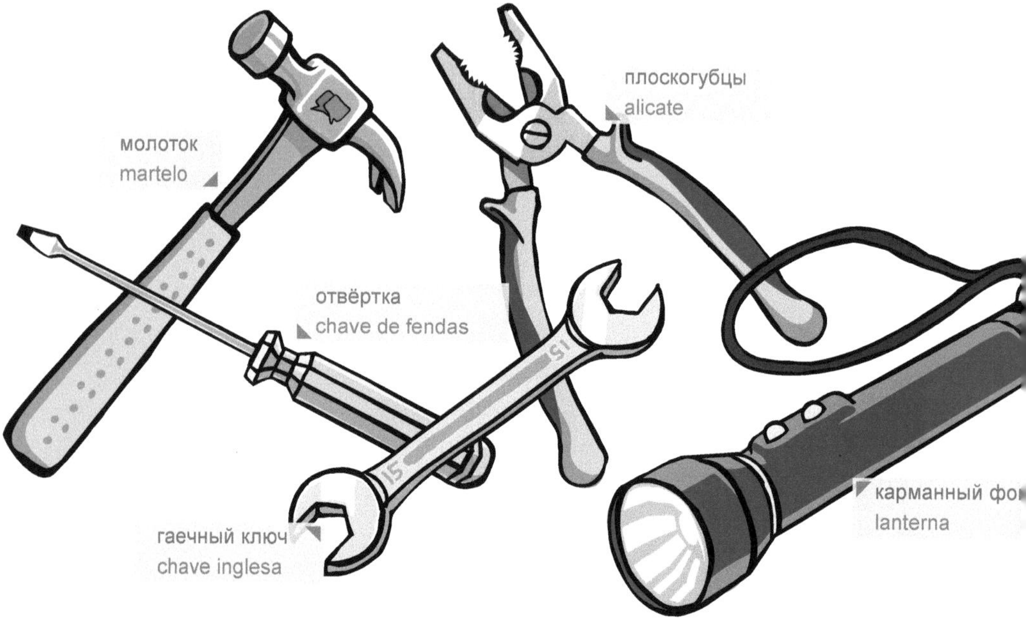

молоток
martelo
плоскогубцы
alicate
отвёртка
chave de fendas
гаечный ключ
chave inglesa
карманный фо
lanterna

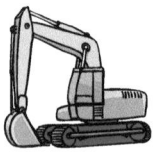

экскаватор

escavadora

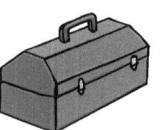

ящик для инструментов

caixa de ferramentas

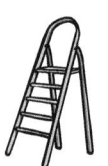

стремянка

escadote

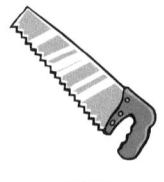

пила

serra

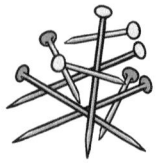

гвозди

pregos

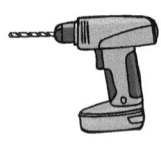

дрель

broca

ремонтировать

reparar

лопата

pá

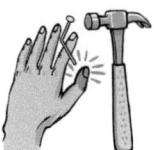

Блин!

porcaria!

совок

pá de lixo

ведро с краской

pote de tinta

винты

parafusos

музыкальные инструменты
instrumentos musicais

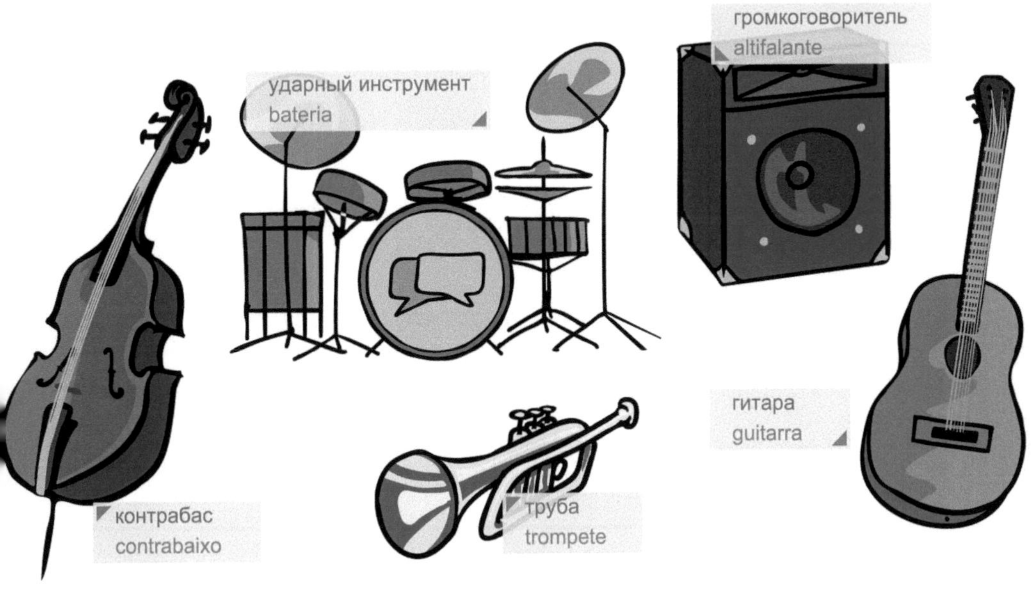

громкоговоритель
altifalante

ударный инструмент
bateria

гитара
guitarra

контрабас
contrabaixo

труба
trompete

пианино

piano

скрипка

violino

бас-гитара

baixo

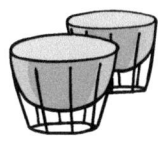

литавры

timbales

барабан

tambor

синтезатор

teclado

саксофон

saxofone

флейта

flauta

микрофон

microfone

зоопарк
jardim zoológico

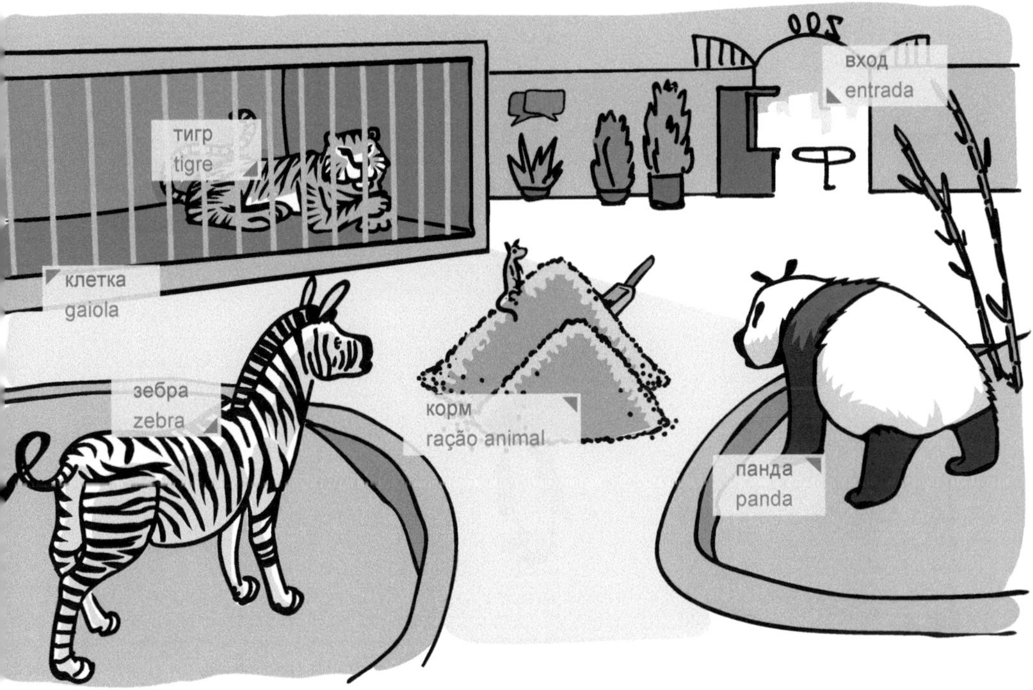
zoo
вход
entrada
тигр
tigre
клетка
gaiola
зебра
zebra
корм
ração animal
панда
panda

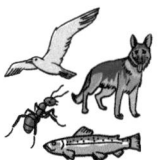

животные
animais

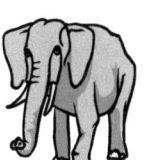

слон
elefante

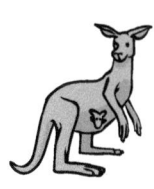

кенгуру
canguru

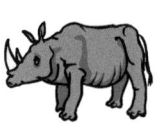

носорог
rinoceronte

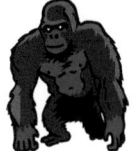

горилла
gorila

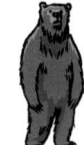

медведь
urso

верблюд

camelo

страус

avestruz

лев

leão

обезьяна

macaco

фламинго

flamingo

попугай

papagaio

белый медведь

urso polar

пингвин

pinguim

акула

tubarão

павлин

pavão

змея

cobra

крокодил

crocodilo

служитель зоопарка

guarda do jardim zoológico

тюлень

foca

ягуар

jaguar

пони

pónei

леопард

leopardo

бегемот

hipopótamo

жираф

girafa

орёл

águia

кабан

javali

рыба

peixe

черепаха

tartaruga

морж

morsa

лиса

raposa

газель

gazela

американский футбол
futebol americano

езда на велосипеде
ciclismo

теннис
ténis

баскетбол
basquetebol

плавание
natação

бокс
boxe

хоккей
hóquei no gelo

футбол
futebol

бадминтон
badminton

лёгкая атлетика
atletismo

гандбол
andebol

лыжный спорт
esqui

поло
polo

прыгать
saltar

смеяться
rir

обнимать
abraçar

идти
andar

петь
cantar

мечтать
sonhar

молиться
rezar

целовать
beijar

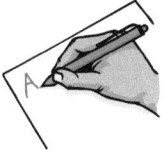

писать
escrever

рисовать
desenhar

показывать
mostrar

нажимать
empurrar

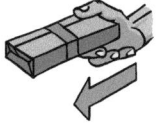

давать
dar

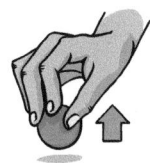

брать
tomar

иметь
ter

делать
fazer

быть
ser

стоять
ficar de pé

бежать
correr

тянуть
puxar

бросать
remessar

падать
cair

лежать
deitar

ждать
esperar

носить
carregar

сидеть
sentar

надевать
vestir

спать
dormir

просыпаться
acordar

рассматривать

olhar para

плакать

chorar

гладить

acariciar

причесывать

pentear

говорить

falar

понимать

compreender

спрашивать

perguntar

слушать

ouvir

пить

beber

кушать

comer

наводить порядок

arrumar

любить

amar

готовить

cozinhar

ехать

conduzir

летать

voar

ходить под парусом

velejar

считать

calcular

читать

ler

учиться

aprender

работать

trabalhar

вступать в брак

casar

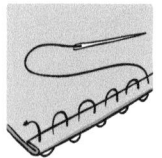

шить

costurar

чистить зубы

escovar os dentes

убивать

matar

курить

fumar

отправлять

enviar

семья
família

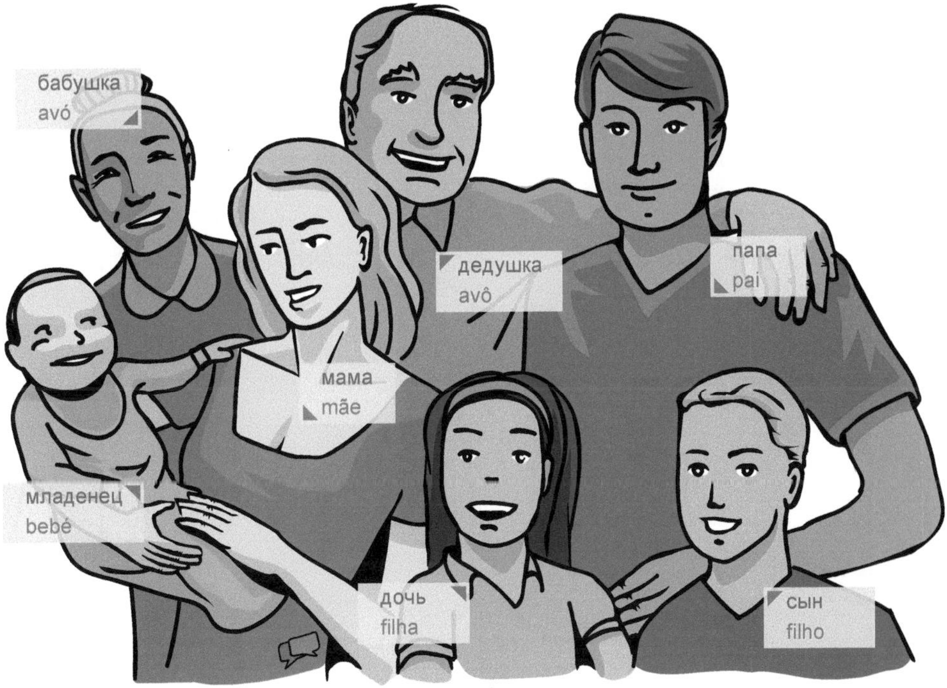
бабушка
avó
дедушка
avô
папа
pai
мама
mãe
младенец
bebé
дочь
filha
сын
filho

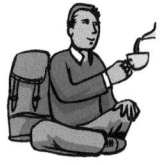

гость

convidado

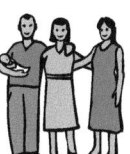

тетя

tia

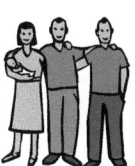

дядя

tio

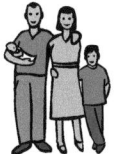

брат

irmão

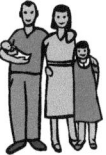

сестра

irmã

тело

corpo

лоб
testa
глаз
olho
плечо
ombro
палец
dedo
лицо
cara
подбородок
queixo
кисть
mão
нога
perna
грудь
peito
рука
braço

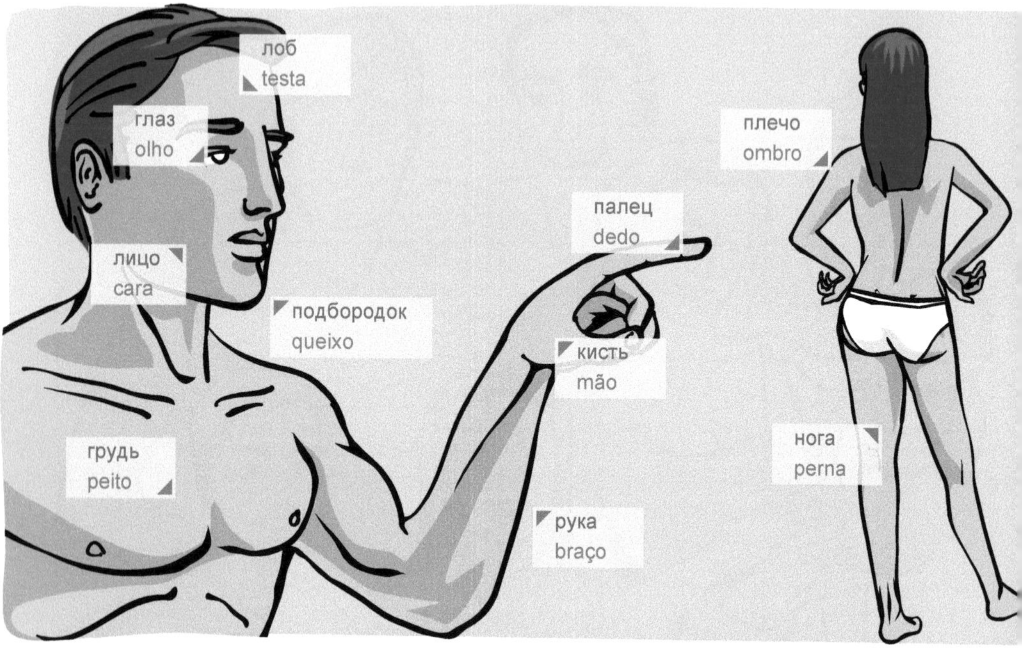

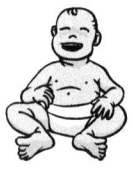

младенец

bebé

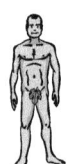

мужчина

homem

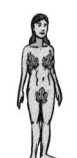

женщина

mulher

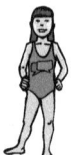

девочка

menina

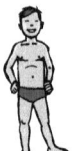

мальчик

menino

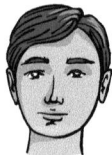

голова

cabeça

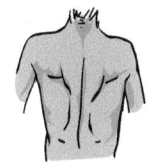

спина

costas

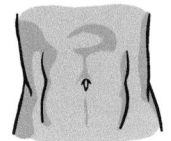

живот

barriga

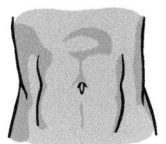

пупок

umbigo

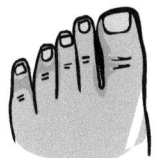

палец ноги

dedo do pé

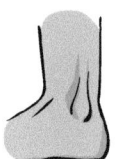

пятка

calcanhar

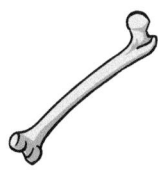

кость

osso

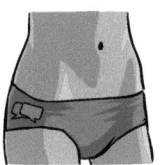

бедро

anca

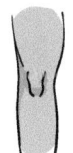

колено

joelho

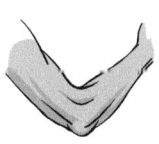

локоть

cotovelo

нос

nariz

ягодицы

nádegas

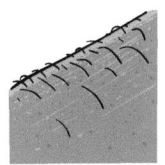

кожа

pele

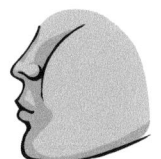

щека

bochecha

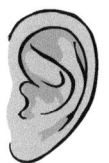

ухо

orelha

губа

lábio

рот

boca

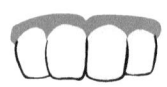

зуб

dente

язык

língua

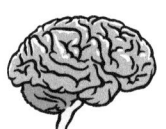

мозг

cérebro

сердце

coração

мышца

músculo

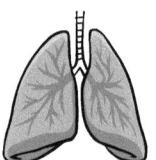

лёгкое

pulmão

печень

fígado

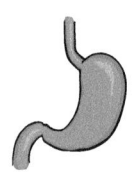

желудок

estômago

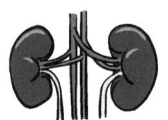

почки

rins

половой акт

relações sexuais

презерватив

preservativo

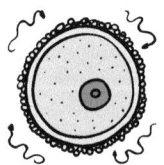

яйцеклетка

óvulo

сперма

esperma

беременность

gravidez

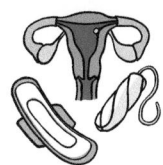

менструация
menstruação

вагина
vagina

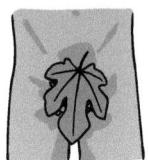

пенис
pénis

бровь
sobrancelha

волосы
cabelo

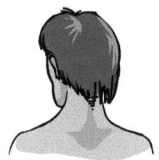

шея
pescoço

больница
hospital

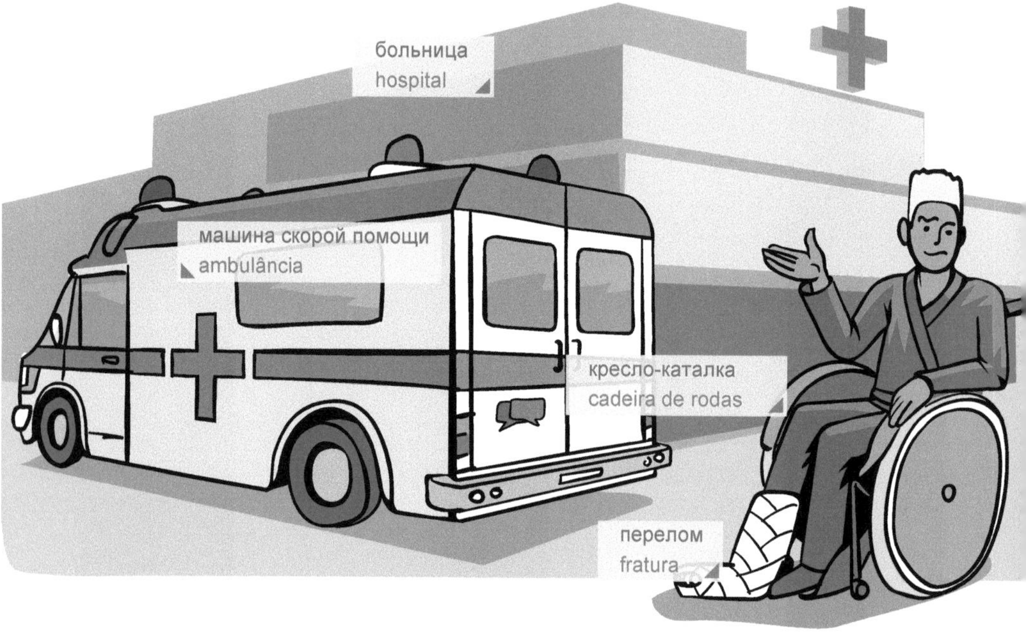

больница
hospital
машина скорой помощи
ambulância
кресло-каталка
cadeira de rodas
перелом
fratura

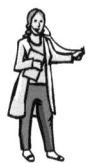

врач

médico

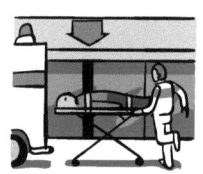

пункт первой помощи

serviço de urgências

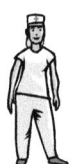

медсестра

enfermeira

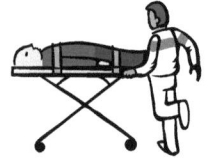

неотложный случай

emergência

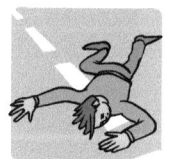

без сознания

inconsciente

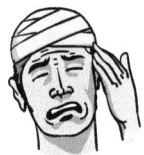

боль

dor

повреждение

ferimento

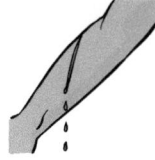

кровотечение

hemorragia

инфаркт

ataque cardíaco

инсульт

acidente vascular cerebral

аллергия

alergia

кашель

tosse

повышенная температура

febre

грипп

gripe

понос

diarreia

головная боль

dor de cabeça

рак

cancro

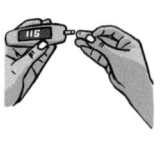

диабет

diabetes

хирург

cirurgião

скальпель

bisturi

операция

operação

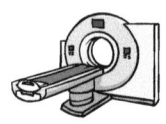

КТ

CT

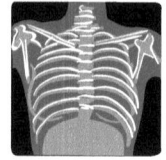

рентген

raio x

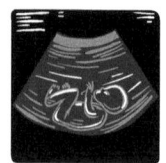

ультразвук

ultrassom

маска

máscara

болезнь

doença

приёмная

sala de espera

костыль

muleta

пластырь

penso rápido

бинт

ligadura

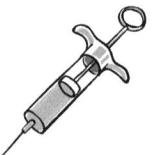

укол

injeção

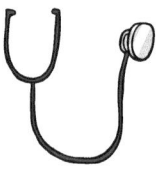

стетоскоп

estetoscópio

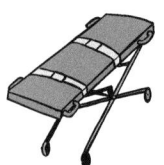

носилки

maca

термометр

termómetro

рождение

nascimento

избыточный вес

excesso de peso

слуховой аппарат

aparelho auditivo

дезинфекционное средство

desinfetante

инфекция

infeção

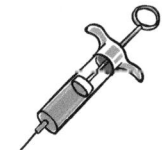

вирус

vírus

ВИЧ / СПИД

HIV / SIDA

лекарство

medicamento

прививка

vacinação

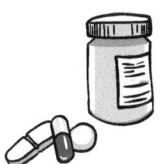

таблетки

comprimidos

противозачаточная таблетка

pílula

экстренный вызов

chamada de emergência

прибор для измерения кровяного давления

dispositivo de medição de pressão arterial

больной / здоровый

doente / saudável

Помогите!

Socorro!

сигнал тревоги

alarme

нападение

assalto

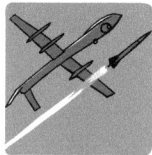

атака

ataque

опасность

perigo

запасной выход

saída de emergência

Пожар!

Fogo!

огнетушитель

extintor de incêndios

несчастный случай

acidente

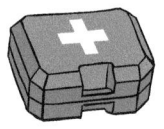

аптечка

estojo de primeiros socorros

SOS

SOS

милиция

polícia

Европа

Europa

Северная Америка

América do Norte

Южная Америка

América do Sul

Африка

África

Азия

Ásia

Австралия

Austrália

Атлантический океан

Atlântico

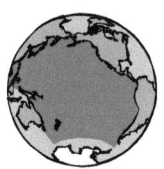

Тихий океан

Pacífico

Индийский океан

Oceano Índico

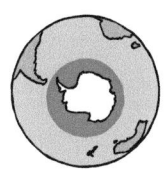

Антарктический океан

Oceano Antártico

Северный Ледовитый океан

Oceano Ártico

Северный полюс

Polo Norte

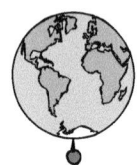

Южный полюс

Polo Sul

Антарктика

Antártica

земля

terra

суша

país

море

mar

остров

ilha

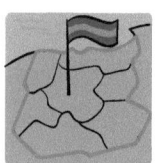

нация

nação

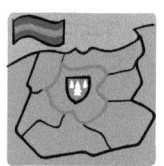

государство

estado

циферблат

mostrador do relógio

часовая стрелка

ponteiro das horas

минутная стрелка

ponteiro dos minutos

секундная стрелка

ponteiro dos segundos

Который час?

Que horas são?

день

dia

время

tempo

сейчас

agora

электронные часы

relógio digital

минута

minuto

час

hora

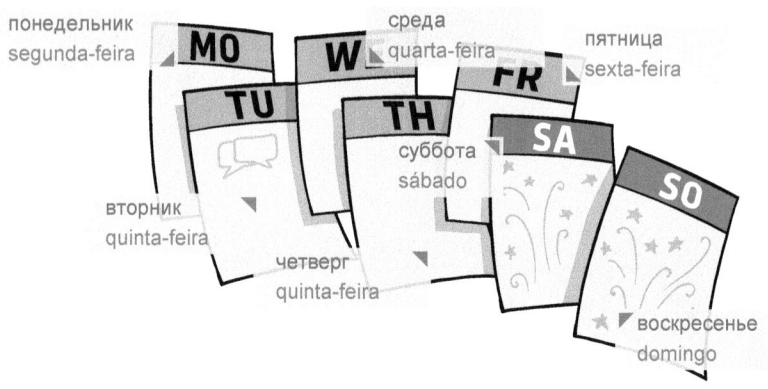

понедельник
segunda-feira

среда
quarta-feira

пятница
sexta-feira

вторник
quinta-feira

суббота
sábado

четверг
quinta-feira

воскресенье
domingo

вчера

ontem

сегодня

hoje

завтра

amanhã

утро

manhã

полдень

meio-dia

вечер

entardecer

рабочие дни

dias úteis

выходные

fim de semana

год

ano

дождь
chuva
радуга
arco-íris
ветер
vento
снег
neve
весна
primavera
осень
outono
лето
verão
зима
inverno

4.APRIL 11°
5.APRIL 4°
6.APRIL 13°
7.APRIL 8°
8.APRIL 10°

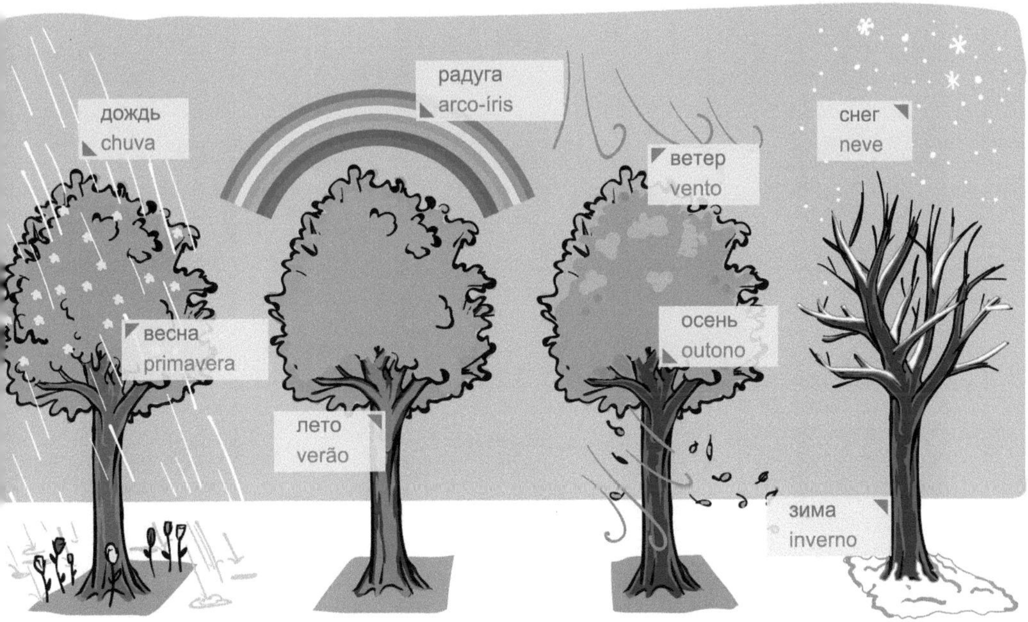

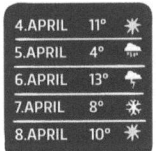

прогноз погоды

previsão do tempo

F C
120 40
90 30
60 20
30 10
0 0
-30 -10
-20

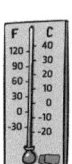

термометр

termómetro

солнечный свет

raios de sol

туча

nuvem

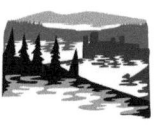

туман

neblina / nevoeiro

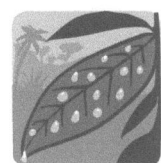

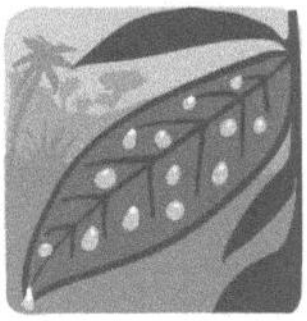

влажность воздуха

humidade do ar

молния

relâmpago

гром

trovão

буря

tempestade

град

granizo

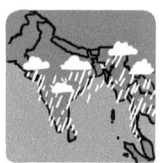

муссон

monção

наводнение

inundação

лёд

gelo

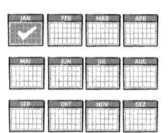

январь

janeiro

февраль

fevereiro

март

março

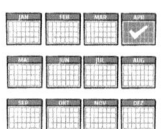

апрель

abril

май

maio

июнь

junho

июль

julho

август

agosto

год - ano

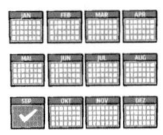

сентябрь

setembro

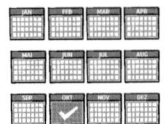

октябрь

outubro

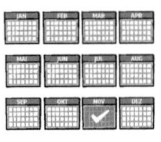

ноябрь

novembro

декабрь

dezembro

формы
formas

круг

círculo

квадрат

quadrado

прямоугольник

retângulo

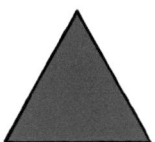

треугольник

triângulo

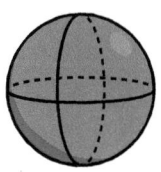

шар

esfera

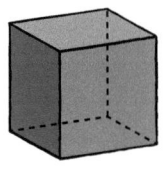

куб

cubo

белый

branco

желтый

amarelo

оранжевый

laranja

розовый

rosa

красный

vermelho

лиловый

lilás

синий

azul

зелёный

verde

коричневый

castanho

серый

cinzento

черный

preto

много / мало

muito / pouco

яростный / мирный

furioso / calmo

красивый / уродливый

lindo / feio

начало / конец

princípio / fim

большой / маленький

grande / pequeno

светлый / темный

claro / escuro

брат / сестра

irmão / irmã

чистый / грязный

limpo / sujo

полный / неполный

completo / incompleto

день / ночь

dia / noite

мёртвый / живой

morto / vivo

широкий / узкий

largo / estreito

съедобный / несъедобный

comestível / não comestível

злой / дружелюбный

mau / gentil

взволнованный /
скучающий
entusiasmado / entediado

толстый / худой

gordo / magro

сначала / в конце

primeiro / último

друг / враг

amigo / inimigo

полный / пустой

cheio / vazio

твёрдый / мягкий

duro / macio

тяжёлый / легкий

pesado / leve

голод / жажда

fome / sede

больной / здоровый

doente / saudável

незаконный / законный

ilegal / legal

умный / глупый

inteligente / burro

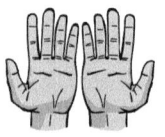

слева / справа

esquerda / direita

близко / далеко

perto / longe

новый / подержанный

novo / usado

ничто / нечто

nada / algo

старый / молодой

velho / jovem

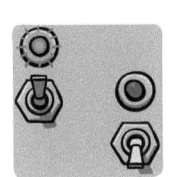

включено / выключено

ligado / desligado

открыто / закрыто

aberto / fechado

тихо / громко

baixo / alto

богатый / бедный

rico / pobre

правильный /
неправильный
certo / errado

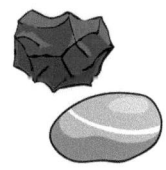

шероховатый / гладкий

áspero / liso

печальный / счастливый

triste / feliz

короткий / длинный

curto / longo

медленный / быстрый

lento / rápido

мокрый / сухой

molhado / seco

тёплый / прохладный

ameno / fresco

война / мир

guerra / paz

0

ноль

zero

1

один

um

2

два

dois

3

три

três

4

четыре

quatro

5

пять

cinco

6

шесть

seis

7

семь

sete

8

восемь

oito

9

девять

nove

10

десять

dez

11

одиннадцать

onze

12
двенадцать
doze

13
тринадцать
treze

14
четырнадцать
catorze

15
пятнадцать
quinze

16
шестнадцать
dezasseis

17
семнадцать
dezassete

18
восемнадцать
dezoito

19
девятнадцать
dezanove

20
двадцать
vinte

100
сто
cem

1.000
тысяча
mil

1.000.000
миллион
milhão

английский

inglês

американский английский

inglês americano

мандаринский китайский

chinês mandarim

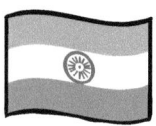

хинди

hindi

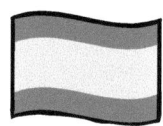

испанский

espanhol

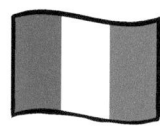

французский

francês

арабский

árabe

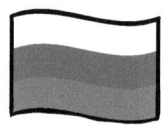

русский

russo

португальский

português

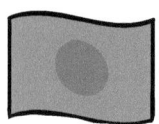

бенгальский

bengalês

немецкий

alemão

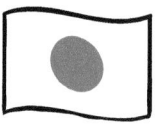

японский

japonês

кто?

я
....
eu

ты
....
tu

♂ ♀ ○

он / она / оно
....
ele / ela

мы
....
nós

вы
....
vós

они
....
eles / elas

кто?
....
quem?

что?
....
o quê?

как?
....
como?

где?
....
onde?

когда?
....
quando?

HELLO, I AM

имя
....
nome

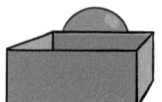

за

atrás

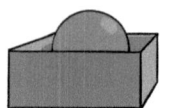

в

em

перед

à frente de

над

sobre

на

em cima

под

debaixo

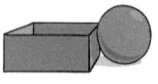

рядом

ao lado

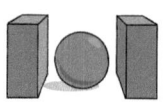

между

entre

место

lugar